MW00887439

EL OTRO

ESCRITOR

1

MI YO

Agradecimientos

Gracias a Dios por darme este don de escribir mis pensamientos y mensajes al mundo.

A mi esposa Lola Rogel e hijas y amigos que me apoyan para seguir escribiendo.

Dedico este libro a todos esos escritores que gracias a ellos nos inspiraron para encontrar ese escritor dentro de nosotros.

A todos mis lectores que me motivan a seguir escribiendo.

Y en especial a Marquitos

PROLOGO

Este es un libro dedicado a todas aquellas personas que tienen un espíritu de escritor.

El Otro Escritor es aquel que todos los días lo acompaña y motiva para seguir escribiendo, descubre la esencia de ese otro escritor que está dentro de su corazón y espíritu.

Marco Antonio Rogel Vázquez

INDICIE

CAPITULO TRES

CAPITULO UNO

ANIME

¡Hola, aquí estoy! Acá abajo, no hagas como que no me vieras, bueno creo que todavía no me vez, ¿pero me escuchas verdad? - ¿heeee? ¿Quién me escribe? ¿Qué está pasando? *Bueno por lo menos me estás leyendo, eso ya es ventaja, ¿Quién eres tú? ¿quién soy yo? ¿Acaso no me estas escribiendo tu?*

Bueno... creo que si... quiero decir si... ¡pero me respondes! - *el que me tiene que responder eres tú, tengo muchas preguntas* - ¿para mi, bueno como cuales? — *¿Cómo soy? ¿Porque me estas creando? ¿Porque todavía no me vez? ¿Qué es este lugar? ¿Para que estas haciendo mi historia?* - ¡espera, espera! ¡Son muchas preguntas a la vez! - *bueno, me estas creando para siempre, así que puedo esperar, puedes comenzar desde el principio.*

Bueno yo soy un escritor, me gusta escribir libros además de hacer otras cosas, también hago... *espera espera, ¿qué es un escritor?* - bueno, un escritor es una persona hombre o mujer, que le gusta escribir libros como este que estoy escribiendo, ya sea historias reales o de ficción como esta. — *¿de ficción que es eso?* — Que no son reales - *¿reales donde?* Aquí en este plano donde yo estoy - *¿y yo dónde estoy?* - en mi mundo imaginario.

¿Yo que soy exactamente? ¿Cómo soy? ¿Tengo forma, color, como me estas creando? - bueno, tratare de explicarte como eres...

No puedo decir que eres de carne y hueso como nosotros los humanos - *¿humanos, que es eso?* - vamos por orden.

Se puede decir que tú eres una Anime - *¡Anime!*...

Me gusta eso - *¿pero que es un Anime?* Digamos que eres un Ser sin una forma exacta, pero si existes en este libro, por lo tanto estas animado, vivo, en este libro y en mi imaginación.

¿Entonces te llamas humano? - no. mi nombre es Marco Antonio Rogel Vázquez- *¿y yo me llamo anime?* – mmmm…

No, tengo que darte un nombre, pero necesito pensar que personaje vas hacer - *¿Qué es un personaje?* - un personaje es el sujeto de la historia que va a estar en el libro - *¿Cuántos personajes hay en este libro?* – bueno en este momento solo estas tu, mas adelante creare otro más.

¿Si me das un nombre, seré como un humano? - no exactamente, los humanos nos tenemos que alimentar, respirar, beber agua para que nuestros cuerpos puedan vivir.

¿Qué es un cuerpo Marco? Ese me dijiste que era tu nombre ¿verdad? - si carro, así me puedes llamar.

El cuerpo está compuesto de un esqueleto músculos y piel para que podamos movernos - *¿y tú me vas a dar un cuerpo?*

Si claro, te daré este para que así puedas interpretar cualquier personaje.

¿Te gusta?

TU NOMBRE

Sí, pero creo que pudiste haberlo hecho mejor – oh lo siento, lo intente, pero no soy diseñador grafico - *¿Qué es eso?* - después te explico.

¿Bueno que personaje voy hacer? - ¿Cuál te gustaría ser? - *mmm déjame pensarlo ¿pero que es exactamente lo que hace un personaje?* – bueno como te decía antes, el personaje es el que le va a dar vida a la historia de un libro - *¿aunque no sea real?* - sí. Aunque no sea real, los personajes son los que hacen la historia más emocionante de un libro, así que tengo que pensar que personaje sería bueno para este libro…

Dame algunos ejemplo de personajes para que pueda elegir mejor por favor Marco – ¡buena idea! hay muchos tipos de personajes, buenos malos, hombre mujer, niño o niña, anciano o joven, fuerte o débil, incluso animales o extraterrestres *-¿extraterrestres?* – sí, de otros mundos o dimensiones como dicen - *¿algo así como yo?* si algo así como tú, pero no serás un extraterrestre, no por lo menos en esta historia.

Mencionaste otros mundos, y veo aquí en tu imaginación que has escrito un libro con esa oración ¿Por qué? Si. Es un libro que lo titule "El Otro Mundo" – *¿los personajes son extraterrestres?* – jajajaj no, es un libro que trata de los sueños que he tenido - *¿yo voy a tener sueños?* - no, pero si los escribo en tu personaje, podrás tenerlos.

Es decir, que si tú los escribes, ¿los podría tener? – sí. - *¿y qué podría hacer?* – bueno, podrías volar, cantar, bailar, explorar, nadar, conquistar, ayudar a otras personajes e incluso enamorarte - *¿enamorarme, que es eso?* ¡hay! ¿Por qué lo mencione?

El amor es parte de los sentimientos que tiene un ser humano - *¿yo tengo sentimientos?* - si los puedes tener, como te dije antes, si los escribo para ti, serás un personaje con sentimientos.

¿Para qué sirven los sentimientos? – Para poder demostrar a ti y a los demás lo que sientes – *dame un ejemplo* – bueno los humanos cuando conocemos a nuestra pareja, nos enamoramos formamos una familia - *¿familia?*

Si. una familia está compuesta de un padre y madre con sus hijos - *¿yo puedo tener una familia?* Si, dame tiempo y tendrás una familia.

¿Qué son los hijos? - los hijos son la creación carnal de una pareja - *¿entonces yo no podre tener hijos verdad?* - no exactamente, pero si los deseas yo podre crear algunos para ti.

Espera… si tú puedes crearme y crear más personajes como yo, entonces los personajes que escribes ¿son como tus hijos? Si. Literamiamente si, así seria.

Entonces ¡soy tu hijo! ¡Yuppie! - si, así eres para mí en este momento – *espera, me siento raro, ¿qué me has hecho?* – Nada solo acabo de escribir en ti el sentimiento de la alegría - *¿alegría? Pues se siente muy bien, ¿eso es bueno?* – si claro, muy bueno, acabas de experimenta tu primer sentimiento de tu personaje.

¡Qué bien se siente, sígueme escribiendo cosas a si por favor Marco - por supuesto, y experimentaras muchos más, todo a su tiempo.

¿Qué hacen los hijos? - los hijos son parte de nuestra alegría como padres, son el complemento de nuestro propósito en esta vida como una familia - *¿siempre se sienten alegres como yo?* — No, no siempre, también ellos experimentan otros sentimientos en el trayecto de su vida - *¿otros sentimientos?* — Sí, otros sentimientos que no son de alegría - *¿estás diciendo que hay sentimientos malos?* — Sí, *-¿cómo cuales?*

La tristeza, el odio, el rencor, la envidia, y otros más — *¿tú me vas a escribir eso a mí?* — no, no te cree para que sientas eso, no en este libro en otro tal vez, pero solo como parte de una historia - *¿si son malos sentimientos para que los escribes?* — A veces son necesarios para que el lector pueda entender el mensaje de la historia - *¿lector, cual lector, donde esta?* Aquí mismo, es el que te está leyendo ahora mismo.

¡Hola lector aquí estoy!- no te preocupes, desde que comenzó a leer este libro, el ya sabe que estas aquí, -*¡oh que bien, pensé que solo estábamos tu y yo -* no, nunca estamos solos, hay miles de lectores que están aquí ahora mismo.

¿Tienes más hijos digo, mas personajes además de mi? – sí, muchos, en cada historia que escribo, siempre creó un nuevo hijo, digo personaje, así puedo trasmitir mis mensajes en cada libro.

¿Tienen nombre? – Claro, cada personaje tiene su nombre - *¿Cuál es el mío?*

mmm no se, es la primera vez que un personaje me pide un nombre – *si soy tu hijo, mi nombre tiene que ser muy cercano a ti, ¿verdad?* - en este caso si…

Es la primera vez que tengo una conversación con mi propio personaje…

¡Rogel¡ te gustaría llamarte como el apellido de mi padre? - **Rogel** *suena muy interesante, pero me gustaría algo más cercano a ti, ¿Qué tal Marquitos?* Marquitos, mmm me gusta, tienes razón, es más cercano a mí.

Entonces de ahora en adelante, en este libro te llamaras **Marquitos** y serás el protagonista de esta historia.

Marco, ¿y de que trata esta historia?

UNA HISTORIA

Marquitos, esta historia trata de ti - *¿de mi?* *No entiendo* - déjame explicarte, en este libro -*¿Qué es un libro?* - bueno, te lo explico, un libro es un conjunto de hojas de papel donde el escritor, plasma sus historias, para que las personas las puedan leerlas y así conocer el mensaje del escritor.

¿Estamos en un libro de papel? - sí, pero también estamos en un libro digital - *¿digital?* – si ahora las personas, tienen la opción de comprar el libro de papel o leerlo digitalmente, para alguna personas es más fácil y cómodo, por eso ahora más personas pueden leer todo tipo de historias, como esta.

¿Marco has escrito muchos libros? – no en realidad, pero desde muy joven escribía muchas historias, en algunas libretas, pero ha pasado tanto tiempo, que muchas libretas se perdieron y con ellas las historias.

¿Escribes libros todos los días? Jajajaja eso me gustaría Marquitos, pero tengo otras actividades por hacer, y no me da tiempo. Pero lo que si me pasa todos los días, es que me llegan a mi imaginación muchas historia por escribir – *si ya lo veo aquí en tu mente, veo varios libros que estas escribiendo ahora mismo ¿verdad?* – es verdad, tengo tantas ideas que a veces ya he comenzado a escribir 2 o 3 libros al mismo tiempo.

¿Qué otro libro estas escribiendo en este tiempo? estoy escribiendo, dos libros más, "La Otra Obscuridad" y "El Otro Cielo" *¿los vas a terminar pronto?* – no lo sé Marquitos, ahora mismo estoy aquí contigo, así que tengo que darme tiempo en orden para todos mis deberes.

¿Todos los escritores son iguales? – no Marquitos cada escritor tiene su forma de escribir, algunos escriben cosas muy importantes y verdaderas, como la historia, la ciencia, o la investigación, eso nos ayuda a entender mas el mundo en que vivimos.

Otros como yo son muy buenos escribiendo historias, que salen de su mente y nos dejan un buen mensaje para la humanidad.

¿Tú eres de esos escritores? jajajaja no Marquitos, no soy un escritor famoso o profesional como ellos, en realidad a mi lo único que me interesa es que mis libros, mis pensamientos puedan aportar un mensaje positivo para la vida del lector.

¿Por qué la historia de un libro debe ser tan importante? Marquitos en el mundo hay tantos libros como escritores, creo yo que el problemas de no saber de ellos, es que muchos están concentrados en escribir, sus sufrimientos personales, pero no las cosas positivas que hicieron para salir de sus problemas.

El mundo está lleno de tantas dificultades, que muchos desde niños lo sufren, por eso creo que los nuevos libros que se escriban, deban ser de cosas positivas, superación, ánimo, evolución, buena energía etc.

Cosas que cuando un lector lea una historia, lo motive en algo para seguir mejorando su vida.

¿Hay algún libro que te haya motivado a mejorar tu vida Marco? – sí, han sido varios, no tengo uno solo, puedo decir que tengo varios libros que he leído que me han ayudado a cambiar mi mente y mi vida mejor.

Vivimos ahora en un tiempo donde la tecnología nos ayuda muchos a seguir, leyendo, o escuchando muy buenos libros.

Mi vista está cansada y ya no puedo leer muchos libros como antes, pero ahora los puedo escuchar en audio libro, deseo que este libro, tu historia, también, alguien en algún lugar, pueda saber de este audio libro.

¿Marco algún día escribirás de tu historia? – No - *¿no?* – exactamente de mi historia, de mi vida desde que nací, no. *¿No entiendo porque no Marco? muchos lo hacen.*

Marquitos, te aseguro que en todos los libros que he escrito y seguiré escribiendo, va una parte de mi historia personal.

Así que no necesito escribir un libro que hable de mi vida, además ¿a quién le puede importar mi vida?

¡A mi gustaría que supieran de mi! - claro Marquitos, a mi también, por eso estoy haciendo lo mejor para que tu historia sea agradable y positivo para el lector que está tomando su tiempo para leer esto.

Ahora dime ¿Cómo te gustaría que fuera tu historia Marquitos? Quieres ser un personaje fuerte, alegre, alto guapo, famoso, un gran artista, o un buen actor de película, yo estoy listo para escribir el personaje que tú quieras que seas.

¿Películas, que es eso? Bien te explico, una película es una historia que la puedes ver en varios lugares y las veces que quieras.

¡Wooooo! Las veces que quieras, ¿es como leer el libro las veces que quiera el lector? Sí, eso es, - *pues ¡vamos hacer una película Marco!* - espera, espera, hacer una película, requiere de mucho tiempo, preparación, tecnología, además de dinero y un buen Director que sepa dirigir una buena producción cinematográfica.

¿Entonces no podemos hacer una película? — no Marquitos yo no tengo la preparación para hacerla, pero si puede pasar…

¡Dime! ¿Qué puede pasar? — que algún día, si algún producto y director de películas, le gusta esta historia, entonces ellos si lo pueden lograr.

¡Te imaginas Marco ¿Cuando salgamos en una película? bueno no tan rápido, es solo una posibilidad, recuerda que hay muchos libros en el mundo que tiene muy buenas historias.

Mientras solo concentrémonos, en lo que estamos haciendo, un buen libro.

Sígueme contando como es una película por favor Marco – bueno en una película hay muchos personajes, cada quien se prepara para hacer algo en la película y así la gente al estarla mirando puede disfrutar de la historia *– dijiste mirando ¿Cómo es eso?* - nosotros los humanos tenemos unos ojos y oídos donde podemos ver y escuchar una película.

¿y cómo los humanos me van a poder ver en una película, si yo estoy en un libro? - Marquitos, eso no es problema, va haber un actor que te podrá interpretar a ti y otro a mí. - ¡Ho! *No podía entender como me ibas a sacar de este libro.*

Jajaja para eso existen los actores, gente que interpreta a un personaje *-¿yo voy a poder ver esa película? –* por supuesto que si Marquitos - *¿Cómo lo voy hacer?*

De esta manera, vamos hacer un ejercicio para que me pueda entender mejor – *muy bien Marco dime que es lo que tengo que hacer* - es muy fácil, recuerda que tu estas en mi mente y a la vez en la imaginación de este libro, así que cuando yo piense un personaje, tu lo podrás percibir, ¿entendido? – *si ¡entendido!*

Bueno comencemos – *Ho baya quien ese personaje ¿Por qué le falta un ojo y un pie?* - ¡muy bien Marquitos, ese personaje es un pirata – *así de feo seria?* Jajaja vas aprendiendo.

¡Vaya! A este no le puedo ver la cara, además esta en un lugar obscuro con muchas lucecitas, ¿Por qué se ve diferente? – el es un astronauta - *un austro ¿queeee?* – Astronauta, un hombre que viaja al espacio exterior – *¿espacio exterior?* - si mira, es muy hermoso.

¿Qué son esas bolas redondas? – Se llaman planetas - *¡wooooo! Sus colores son hermosos, y de diferentes tamaños, además, sigo mirando muchos puntos brillantes.*

Esas son estrellas Marquitos, así las vemos de pequeñas porque están muy lejos - *es todo tan apacible y calmado que me gustaría esta aquí mucho tiempo.*

¿Qué trae en las manos este personaje? - se llama arma, lo que estas percibiendo es un soldado con su uniforme verde de guerra y su casco - *¿Qué hace un soldado?* — Desafortunadamente recibe órdenes para ir a la guerra y eliminar humanos - *¿Por qué los tiene que eliminar?* — por la soberbia y orgullo de los gobernantes.

Yo no quiero eliminar humanos, además el lugar donde esta es muy feo se ve triste - te acabo de enseñar la parte mala del humano y sientes el sentimiento de tristeza — *es mala la tristeza, no me siento bien* - lo sé, es parte de este personaje.

¿Ellos quienes son que hacen, porque gritan? — Ellos son niños, están jugando, y gritan porque están contentos, están jugando - *¿Por qué son pequeños?* — porque así son cuando son niños, acércate, quiero que descubras algo.

Está bien… siento casi la misma tranquilidad que sentía en el espacio exterior, pero hay algo mas, como si no me preocupara nada - acabas de percibir la paz de un niño, se llama inocencia.

¡Qué bello lugar, muy fresco, siento una sensación limpia, ¿ qué es? estas en un parque, aquí hay platas y arboles, su color es el verde y eso es lo que sientes, un aire fresco y limpio.

La cara y el cuerpo de esos personajes están muy cerca ¿Quiénes son? - se les llama novios y están cerca porque sienten confianza entre ellos, ve y acércate un poco *– está bien -*

Esto es diferente, siento como una fuerza poderosa, como si otro personaje estuviera aquí, pero mucho más grande y fuerte, pero a la vez muy agradable, ¿Qué es eso?

Esa fuerza poderosa, con gran energía, que se siente como en esos personajes, se llama Amor.

SENTIMIENTOS

¿Marco tú tienes muchos sentimientos? Si. Todos los humanos tenemos muchos sentimientos y los experimentamos todos los días. *¿Pero para que sirven exactamente?* Son parte de nuestra vida *¿Qué es la vida?* Es la existencia de los humanos en este planeta, aquí experimentamos, creamos, consumimos, destruimos, exploramos, amamos, matamos, *¡espera espera espera!* ¿Qué pasa Marquitos? *Eso de matar, es una acción que no me gusta, ¿qué tipo de sentimiento es ese? Venganza, odio rencor, envidia, y todos los que hacen daño, ¿para que los usan si les afecta a ustedes mismos? ¿Acaso no se dan cuenta que si ustedes crean personajes como yo, podrían crear un mundo mejor donde convivir?*

Si Marquitos, tienes mucha razón, pero no toda la gente vive con esos sentimientos malos, hay personas como yo, que nos esforzamos para vivir una vida de paz con los demás, muchos tienen talentos muy buenos, que ayudan a que este mundo de humanos más armonioso *¿talentos, que es eso?*

Son las habilidades de cada uno de los humanos que tienen para crear o hacer algo especial *¿Qué hacen de especial esos humanos?* Bueno algunas personas cantan, bailan, hacen decoraciones, Pintan, tocan algún instrumento música, crean esculturas con sus manos, tienen la habilidad de un deporte o simplemente escriben libros como yo.

Suena muy interesante, debe ser muy emocionante tener un don, ¿yo puedo tener un don? Claro que si, ¿quieres que te escriba alguno? *¡Si por favor Marco!* Bueno prepárate…

¿Qué pasa, porque cambio de lugar? ¿Qué es esto que siento? como si algo me estuviera moviendo, me gusta la armonía del movimiento, como si ya supiera que hacer.

¿Qué tipo de don es lo que estoy haciendo? se llama danzar, hay muchos humanos que tienen ese don y a la vez es un arte *¿un arte?* si una forma de expresar el don, con armonía, paciencia, constancia, perseverancia y amor.

Marco, creo que todo eso que acabas de decir, lo estoy sintiendo, ¡es maravilloso!

¿No entiendo como algo tan bello como el arte, ustedes los humanos no lo puedan crear todos los días? Si lo hacemos Marquitos, pero desafortunadamente no todos lo hacen, porque están preocupados por otras cosas que no tiene tanto valor.

¿Es que no todos los humanos tienen un don? si. Todos los tenemos, pero no muchos están interesados por descubrirlos, y cuando lo descubre, no todos lo quieren poner en práctica.

No entiendo Marco, si todos los humanos tienen un talento ¿Qué es lo que les impide descubrirlos? Bueno tratare de explicarte…

Como te dije antes los humanos tenemos dones, y creamos arte, esto gracias a los sentimientos, por ejemplo los músicos, crean música, melodías de todo tipo que cuando las escuchamos, expresan un sentimiento en cada uno de nosotros y con ello buenos pensamientos e incluso movemos nuestros cuerpo para danzar, eso es precisamente lo que tu sentiste.

Pero también hay sentimientos malos que obstruyen a realizar buenas acciones, como el arte, por eso, muchos no pueden descubrir sus dones

Pero eso no es lo peor, lo más triste es que cuando hay más sentimientos malos, hay más conflictos entre lo humanos, y así no pueden descubrir sus verdaderos dones para ayudarse a sí mismo.

Marco, ¿yo puedo ayudar a los humanos a descubrir sus dones o tener buenos sentimientos? mmmm déjame pensar... si. Creo que sí. *¿Sí? Dime como. ¡Qué tengo que hacer!*

Bueno pues... ¿tienes alguna idea Marquitos? *¿Yo? ¿Acaso no eres tu el que me escribes?* ¡Ho Si! lo había olvidado...

La verdad es que ya lo están haciendo Marquitos, *¿Cómo no entiendo?* Si. Desde el momento en que este lector comenzó a leer este libro, en cada página y con cada lectura, el está sintiendo algo, no sé qué es exactamente, pero si se que siente algo.

¡Wooo! sería fantástico saber que lo estoy haciendo sentir bien.

Hola lector, aquí estoy me haría feliz saber que te estoy haciendo sentir bien, por favor sigue leyendo hasta el final del libro.   Bueno y si puedes todos los libros de Marco A. Rogel V. ¡Estoy seguro que te hará sentir bien!

Bueno Marco ¿Qué más podemos hacer para que el lector pueda sentirse bien y descubrir sus dones?

Bueno creo que al estar leyendo este libro es porque le gustaría saber más de ti, es decir.

"El Otro escritor"

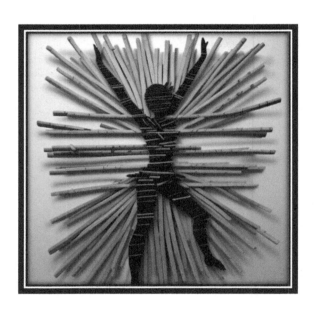

CAPITULO DOS

DENTRO DE TI

Marco ¿por qué escribes libros? Marquitos, en realidad todos los seres humanos escribimos, es decir, desde muy jóvenes nos enseñan a escribir, para poder dejar impreso, lo que queremos comunicar y al mismo tiempo leemos para poder entender lo que la gente está queriendo trasmitir sus ideas.

Después conforme pasan los años y vamos creciendo, algunas personas escriben sus pensamientos en libretas comunes y las guardan solo para ellos para siempre, otras personas como yo hicimos lo mismo por pasatiempo, hasta que decidimos publicarlos como un libro.

Un libro se escribe en hojas de papel o en computadoras, donde la gente lo puede leer desde un dispositivo electrónico, en casi cualquier parte del mundo.

Dijiste años ¿qué es eso? Es una forma de medida como nosotros los humanos utilizamos para medir el tiempo en nuestro planeta. Es lo que nos orienta a saber, lo que hemos hecho, hacemos y haremos en el tiempo.

Tenemos un tiempo de vida en este planeta hasta que llega nuestro fin, es decir nuestra muerte, cuando ya no estaremos más en este planeta.

¿Tu tendrás un fin, morirás? si Marquitos, pero no te preocupes tu vivieras para siempre.

¿Quiere decir que ya no sabré más de ti? Es decir ¿no me escribirás más? No, ya no podre escribirte más, pero tú quedaras plasmado aquí para siempre.

¿Pero entonces con quien me quedare cuando te vayas? Con mis lectores Marquitos, ellos estará contigo siempre que lean mis libros, así podrás seguir nutriendo sus sentimientos.

¿Qué eso que sale de tus ojos? se llaman lagrimas, salen cuando el sentimiento es triste o alegre, *¿Cómo estas tu?* Alegre *¿Por qué?* Porque esto que estoy haciendo es algo dentro de mis planes de vida, ya quería hacer desde hace mucho tiempo.

Estas lágrimas son de alegría, estoy cumpliendo mi meta. *¡Hoooo! Ya comienzo a entender, estoy teniendo un proceso de comprensión, no es precisamente porque lo estés escribiendo ahora, es porque* **¡estoy dentro de ti!**

Veo en ti muchas cosas, veo lágrimas de tristeza en tu libro "El otro evangelio" pero también veo lágrimas de felicidad, en el libro "El otro mundo" Si, así es Marquitos... así es como tú podrás vivir para siempre, **tu estas en todos mis libros.**

Tu eres el protagonista principal de todos esos pensamientos, tu eres el que está jugando dentro de mi cabeza, inquieto como un niño, pero pasivo como un anciano, creador como un artista, aventurero como un explorador, tierno como un gatito, pero hacedor como un tigre, soñador como un astronauta, serio como un escritor, espiritual como un buda, héroe como Batman, defensor como Robinhood.

Eso y mucho más eres tú, por eso tienes la habilidad de escribir libros, plasmar tus pensamientos, dar mensajes de vida, mostrar amor en tus historias, respeto en tus puntos de vista, pero sobre todo Amor al Creador.

No sabía que te ayudara tanto Marco. Claro siempre lo haces, *¿todos los humanos tienen alguien como yo?* Si Marquitos *¿Cómo le llaman?* Bueno de diferentes maneras, dependiendo como lo descubran.

Algunos le llaman, espíritu, ángel de la guarda, guía espiritual, inconsciente, cosmos y otros nombres como el Ki, el Yang, silba, no importa como lo llamen, lo triste es que algunos humanos simplemente no saben que existes.

¿Quieres decir que no todos lo han descubierto? No, no todos, *¿Por qué?* Hay varios motivos, pero el más triste es porque muchos no creen en él.

¿Por qué no creen en él? Digo en el espíritu, *ki o como le llamen ellos, ¿no quieren descubrirlo?*

Tratare de explicarte, nosotros los humanos, vivimos en un mundo donde nuestro cuerpo para que exista, necesita de alimentos, vivienda, trabajo y dinero para que podamos tener lo necesario para vivir.

Cada día que existimos, buscamos la forma de cómo tener lo necesario para nosotros y nuestra familia, eso hace que no tengamos mucho tiempo o no le demos la importancia de encontrar ese otro escritor.

Desafortunadamente, la vida de un ser humano es más dura de subsistir, y eso hace que lo primordial, sea buscar las necesidades materiales que nos distraen y quitan tiempo,

Lo mas triste es que los niños y niñas de ahora ya no tengan mucho interés de leer, aprender o escribir sus historias; es como sus vidas fueran hechas a vivir totalmente en lo materia y engañoso todo el tiempo.

Para algunos escritores como yo, es un esfuerzo y colaboración, escribir libros, deseamos que algún día, esos jóvenes, puedan leer y tener el interés de buscarte.

En cada libro aportamos la energía de que vuelvan a querer lograr sus sueños descubriendo ese otro yo.

¿Cómo me encontraste tu Marco? Bueno yo creo que tú me encontraste, *¿yo, como?* Los humano, tenemos etapas de crecimiento, nacemos, somos bebes, niños, adolecentes jóvenes adultos y después ancianos. *¿Y yo?* Tu estas siempre con nosotros en todas esas etapas, eres parte de nuestra existencia.

Una vez, en la etapa de mi niñez, cuando se comienza a conocer el mundo, se conoce lo bueno y lo malo, la alegría y la tristeza, y fue en ese tiempo en cuanto te conocí. *No entiendo Marco.*

Marquitos, tú me comenzaste a hablar dentro de mí, tú en los momentos más difíciles de mi niñez, me comenzaste a decir.

Marco, no llores, no te preocupes, las cosas van a mejorar, solo que ahora no las entiendes...

Esa voz tranquila y suave, era la que me tranquilizaba en tiempos difíciles, en esos momentos fue cuando comencé a conocerte, sin entender quieras tu.

Con el tiempo, cuando fui creciendo, te comencé a escuchar más, dándome cuenta que si te ponía más a atención, mas me hablabas.

A pesar de que algunas veces no te quería escuchar, tú seguías hablándome, también con el tiempo comprendí, que no dejabas de hablarme, porque solo tenías la intención de ayudar, guiarme, para tomar mejores decisiones.

Te doy las gracias por persistir porque fue en esos momentos, que comencé a escribir mis pensamientos, que por un tiempo pensé que solo eran míos, pero después entendí que eran de los dos.

Hasta que entonces ahora yo, ya de adulto y gracias a la motivación de amigos y familiares, decidí hacer públicos mis pensamientos, por medio de mis libros.

Gracias por Ser y Estar.

QUIEN SOY YO

Entonces ¿lo que puedo ver en tu mente, son tus memorias? Si Marquitos, ya comienzas a entender mejor, tu siempre has estado conmigo.

Hay algo que no entiendo, dime Marquitos, ¿Qué es lo que no entiendes? *El dolor* ¿el dolor? *Si.* ¿Cómo *ustedes los seres humanos les gusta el dolor?* Nunca he dicho eso, a ningún ser humanos le gusta el dolor ¿de dónde sacas eso? *Lo veo aquí en tus recuerdos* ¿Qué vez? *Veo el dolor que sientes, por las cosas injustas que te hicieron y hacen a otras, personas, veo el dolor de tu cuerpo cuando te hicieron la cirugía de tu apéndice, veo que dolor de tu cara con mucha sangre en tu rostro cuando tuviste el accidenté, veo el dolor que sientes por la gente sufriendo por otro dolor...* ¡espera espera! Ya se a que dolor te estás refiriendo.

Te voy a explicar, hay dos tipos de dolor, el **físico** lo sentimos en nuestro cuerpo y el sufrimiento mental, lo que sentimos en nuestra **alma.**

Pero no es que nos guste sentir dolor físico, es simplemente que no lo podemos evitar, es decir sentimos dolor gracias a nuestro sistema nervioso, en ocasiones podemos aguantar el dolor pero no evitarlo.

Es cierto que a veces sufrimos mucho dolor en nuestro cuerpo, en ocasiones es por nuestra culpa por no saberlo cuidar, otros por sucesos imprevistos que no podemos evitar, sin embargo el dolor nos da experiencias, no muy agradables para aprender la lección que necesitamos aprender.

¿Yo puedo sentir el dolor físico Marco? si lo escribo sí, pero aun así, no sería muy real, necesitarías tener un cuerpo humano para realmente sentir el dolor físico, entra a mi recuerdo cuando tuve el accidente de niño, tenia 6 años, caí de un piso en un edificio *¡Ho Marco ya veo, que horrible estas sangrando toda la cara, vas llorando de dolor y no entiendes que paso!* Exacto marquitos, eso es un dolor insoportable para un niño de esa edad, eso es solo un ejemplo de cómo muchos niños tiene un dolor insoportable.

Pero como te dije antes, a los humanos no nos gusta el dolor, pero es parte de las vivencias en esta plano terrenal.

¿Veo que tú has tenido dolores del alma verdad? jajaja, si Marquitos ahora lo puedes ver todo.

Cada ser humano tiene dolores de sentimiento, y esos pueden dañar nuestros pensamientos, <u>si no lo sabes controlar pueden tener un término muy trágico, o muy grave que te afectara el resto de tu vida.</u>

¿Tan difícil es la vida? Si no la entendemos y no ponemos de nuestra parte para entenderla, si es muy difícil *¿Cómo has aprendido a entender la vida Marco?* Bueno, no ha sido fácil, se toma su tiempo y esfuerzo, es decir, el ser humano vive tan rápido, que no se da tiempo para reflexionar de sí mismo, en mi caso, como todo niño, siempre me hacia muchas preguntas, pero tuve muchos problemas para encontrar las respuesta, no siempre había alguien para orientarme.

Entonces ¿cómo le hiciste Marco? Aprendí el arte de la **observación, el análisis, y la investigación.**

¿Dónde lo aprendiste? En la escuela, en los libros y después con gente experimentada de la vida. Es decir con mentores. *¿Hiciste lo que ellos te dijeron que hicieras?* No exactamente, escuchaba sus consejos pero no lo hacía igual que ellos, me enfoque en hacerlo mejor.

¿Eres un mentor? si Marquitos, un mentor de vida espiritual, entonces *¿ya no necesitas conocer más?* Jajaja nunca se acaba de aprender marquitos, cada día se aprende algo nuevo, con nuevas experiencias buenas y malas.

¿Son necesarias las malas? Si, es cuando se aprende más *¿Por qué?* Porque es cuando aprendes a valorar tu vida.

El conocimiento se adquieres todos los días, la sabiduría se aplica a la vida.

Dices que todos días tienes experiencias y con ellas aprendes, para vivir con sabiduría, pero entonces ¿Quién soy yo?

Tú eres el resultado de mi propia creación, eres parte de mí, tú existes desde que yo existo, eres yo y yo soy tú.

El que me creo a mí, también te creo a ti, no somos dos existencias distintas, somos uno mismo, en su debido tiempo pero con la misma energía del universo.

Tenemos los mismos componentes de la creación, con el mismo condicionamiento de ser y estar en uno solo.

Eres el mismo hijo de un rey, por lo tanto eres el príncipe de mi esencia, hecho con amor.

Eres la armonía de mis pensamientos, que existes al igual que yo cuando nos observan.

No te veo y no me ves, pero sabemos que existimos, porque manifestamos lo que creamos.

Incluso aunque yo no este, y alguien mas lea esto, tu serás parte de su pensamiento.

No te veo y no me ves, pero sabemos que existimos, porque manifestamos lo que creamos.

HERMANOS ESPIRITUALES

¿Entonces no estamos solos? No y nunca lo estaremos, mientras hay alguien quien nos observe, seguiremos existiendo, no sé cuando comenzó y no sé cuando terminara, pero no me preocupa eso.

¿Qué es lo que te preocupa Marco? La falta de Amor *¿Qué es eso?* Es la energía por la cual fuimos creados, tu yo todos los seres humanos, y me atrevería a decir que toda la existencia cósmica.

¿Es difícil entender el amor marco? al parecer sí, lo veo todos los días, ahora con más frecuencia y en todos los medios de comunicación del planeta. *¿También en los libros?* si, incluso en los libros, el uso de palabras obscenas, grotescas o simplemente libros que se escriben, tragedias, personales que no invitan a la superación personal, sino que son más bien para muchos, la afirmación de que hemos venido a sufrir a este mundo, también confirma la falta de amor.

¿Cómo se puede aprender el amor? Tratare de explicártelo, la misma humanidad, a distorsionado tanto el amor, que incluso es difícil definirlo.

Por mucho tiempo hombres han escrito y hablado del amor en diferentes partes del mundo, incluso hubo un tiempo en que la mayoría de los libros e historias hablaban del amor, lo representaban con dos jóvenes apuestos hombre y mujer donde después de varias aventuras que tenían que hacer, finalmente se enamoraban y Vivian felices para siempre.

En algunas historias alguno de los dos o los dos morían por amor.

Otros creen que el amor, solo existe cuando, tratan de entender a Dios o a su hijo Jesús de Nazaret, porque en un libro llamado Biblia, habla de cómo ellos nos demuestran el amor verdadero hacia nosotros los humanos.

Lo ridículo y triste es que, muchas guerras de la humanidad, han sido en nombre de ese Dios, matándose entre pueblos y naciones enteras.

Otros confunden amor, con el contacto sexual de nuestros cuerpos, abusando de los cuerpos que la creación nos ha prestado, no es que no deben terne relaciones sexuales, solo que no entienden lo sagrado y poderoso, siendo parte del amor.

Otras personas, piensan que es más importante amar a sus mascotas que a otro ser humano, yo amo a mis mascotas, pero también demuestro amor, a mi esposa, mis hijas mi familia y mis amigos lectores.

Hay personas que prefieren cuidar más a sus mascotas, que sus vecinos, amigos o familiares, incluso por eso prefieren no formar una familia, ¿qué tipo de amor ese?

Otros dicen conocer el amor cuando, van a su práctica de yoga, gem, meditación o algún otro grupo social, pero les gusta vivir en el clasismo diferenciándose de los demás, ante una sociedad.

Las religiones te hablan de un Dios de amor, que todo lo puede, es poderoso, omnipotente, eterno, creador, pero tienes que pagar tu diezmo, ofrendas o limosnas, todos los domingos, porque si no, ese Dios se enoja.

Pero entonces ¿Cómo son ustedes los humanos? Eso es lo que me gustaría entender…

Somos tan complicados… tan débiles…

Tan ignorantes… tan pequeños…

Tan arrogantes… tan ingenuos…

Tan ególatras…

Que no queremos aceptar, que realmente no somos nada sin el amor a nosotros mismos y hacia los demás.

Somos hermanos espirituales, hechos de una misma energía, una energía que existe gracias a que nos observan todo el tiempo con amor.

Pero no lo entendemos… creemos ser mas grade que esa energía, pero nunca llegaremos a entender a ese Dios, si primero no nos entendemos a nosotros mismos.

¿Yo puedo sentir amor? Si claro, *¿Cómo?* Tú eres creación de mi amor.

¿No entiendo Marco? Marquitos te explico, yo te amo, como soy, como un ser humano con defectos y dones, con respeto y comprensión, me amo para ser feliz, no para tener felicidad, me quiero, porque entiendo que no se todo de la vida, pero me amo, para entender mi existencia.

Amo lo que pienso porque me gusta escribirlo cada día.

Amo mis sueños porque son las metas a seguir.

Amo mi cuerpo, porque me da la oportunidad de sentir todo a mí alrededor, incluso otro cuerpo.

Amo mis años, porque me dan la experiencia de lo que soy.

Amo mis sentimientos, porque son parte de entender el amor.

Amo mi ignorancia, porque me recuerda que sigo siendo un niño.

Amo mi reflexión, porque es cuando me conecto con el universo.

Amo mi paz, porque me doy cuenta que no le he hecho daño a nadie.

Amo cuando estoy solo, es un buen tiempo para platicar contigo.

Amo mis creencias, porque me dan plenitud

Amo mis dolores físicos, porque sé que estoy llegando bien a mi vejez.

Amo mis creaciones, así entiendo que no he perdido el tiempo.

Amo mis carcajadas, así se que sigo vivo

Amo mis lágrimas, así entiendo que no debe crecer mi ego.

Amo mi descendencia, así dejo huella, tu eres parte de ella Marquitos.

Amo mis confusiones, así entiendo que no he terminado.

Amo mis errores, porque me hacen despertar más a la vida.

Amo este momento, porque estamos juntos con el que está leyendo esto.

Amo lo que yo soy.

Amo mi Ser.

Eso eres tu marquitos.   Amor espiritual.

Eso eres tu marquitos.   Amor espiritual.

PROPOSITO

Ahora entiendo, ¡todo eso soy yo! si y mucho mas, lo estarás descubriendo, la vida está llena de aventuras, conocimiento, amores, logros y todo lo bueno que te propongas hacer.

¿Qué pasa con los que no viven todo eso? Es algo triste de admitir que si sucede *¿qué quieres decir Marco?* Si. Desafortunadamente mucha gente no tiene la oportunidad de tener una vida muy feliz.

¿No quieren tenerla? no. no es eso, te explico.

La mayoría de la humanidad, está sujeta al materialismo, a lo que tenemos físicamente, deseando tener cosas que realmente no necesitan; claro que necesitamos comer, tener un lugar donde descansar incluso un automóvil para poder transportarse al trabajo, pero la gente no está satisfecha con eso *¿ por qué no?* Porque vivimos en una sociedad, donde nos esclaviza a comprar cosas innecesarias, a desear comprar muchas cosas, pare ser feliz, y entre mas tienes más deseas tener.

La humanidad ha perdido la visión del verdadero propósito del Ser.

Viven para trabajar, siendo esclavos de su mismo trabajo, olvidando que se debe trabajar para vivir, es decir para tener lo necesario, lo indispensable para vivir, después lo demás, se obtendrá solo si lo necesitas.

¿Qué es la felicidad Marco? La felicidad es la plenitud Cómo vives y como convives con los demás.

Los animales por ejemplo, no necesitan trabajar por lo que necesitan solo se adaptan a lo que les rodea, y a pesar de no tener conciencia, viven en plenitud, sin envidiar nada, o desear más de lo que tienen a su alrededor.

El humano, tiene su conciencia para pensar analizar y sobrevivir más que ellos, pero aun así no lo entienden, es como si todo el conocimiento que tienen solo sea para codiciar más, sin importar a quien lastimar.

Pero también se, que hay humanos que por sus creencias costumbres o tradiciones, se limitan a explorar más de las cosas buenas que pueden descubrir de la vida.

Algunos explotados físicamente, otros por no tener nunca la oportunidad de salir de lugar de donde nacieron, limitando sus experiencias.

Otros por no buscar ayuda para ser orientarlos a una vida llena de oportunidades de amor, comprensión, conocimiento logros con una vida plena.

Marco ¿Cómo piensas que pueden encontrar su propósito? primero con mucha paciencia, para sí mismo y para los demás, deben de entender que tenemos un gran mundo por descubrir, casi sin límites para tener las mejores experiencias, no venimos a este mundo a sufrir, somos eternos, somos linaje de un gran creador y por lo tanto somos más de lo que imaginamos ser.

¡Hoo! Ya lo veo, eso lo tiene más detallado en tu libro "Tu mentor de bolsillo 2" principios básicos para una vida plena ¿verdad? si marquitos, es verdad, así lo explico mucho mejor.

Hablaste de un creador ¿quién es? no se *¿no sabes y hablas de Él?* No sé exactamente quién es, pero si sé que es *No te entiendo Marco.*

Le llamamos Dios, porque así lo conoce la humanidad desde hace mucho, pero en realidad no sé quién es, solo tenemos una idea individual de quien es, pero en realidad nadie lo ha visto.

Solo sé que es algo muy poderoso, grandioso, omnipotente, omnisciente, y sobre todo con eso que muestra amor.

Sigo sin entenderte Marco. Dios es lo que pienso, mas no sé cómo es realmente, **en todo caso Dios no él, sino eso, es decir ENERGIA.**

¿Entonces porque dices que es tu creador? Porque tu como yo estamos hechos de energía, por lo tanto eso es energía.

No estoy diciendo que no existe Dios, solo estoy diciendo que eso es energía pura.

Toda energía tiene movimiento, como los átomos que siempre están en movimiento, pero como dice la física cuántica, existen cuando son observados, así mismo nosotros exitismo porque somos observados.

Quiere decir que... si marquitos, al haber un lector, con este libro, tu y yo estamos existiendo.

¿Y si muchos no lee este libro? No te preocupes seguirás existiendo porque eres energía, y quedaras en los pensamientos de los lectores como energía en movimiento.

¿Ese es mi propósito? si. Ese es tu propósito de existencia en este libro, como es mi propósito al estar escribiendo esto en energía de mis pensamientos.

Por lo tanto, nos convertimos en creadores y eternos para siempre.

En todo caso Dios no él, sino Eso, es decir
ENERGIA.

SUEÑOS

Percibo tu cuerpo y mente extraño. Si Marquitos estoy cansado cansado *¿qué es eso?* nuestros cuerpos además de alimentos y agua, necesitamos descansar, *¿para qué?* Para que nuestras células se regeneren con las proteínas y minerales que cuando se consumen, generan nuevamente engería a nuestros cuerpos, y así nuevamente al despertar, podemos seguir haciendo nuestras actividades *¿Cómo seguir escribiendo libros?* Si Marquitos, además de otras actividades, que tenemos que hacer todo el día.

¿Cómo descansas? Bueno, me voy a mi cama, cierro los ojos y me pongo a dormir, lo demás lo hace el cuerpo cuando duermo.

¿Qué pasa cuando duermes? algunas veces solo cierro los ojos y en un instante despierto y veo que ya es de mañana, es decir estaba tan cansado que no soñé nada, *soñar ¿Qué eso?* Es cuando estas durmiendo y entras como en otro mundo, piensas que estas despierto porque ves y sientes cosas

como si estuvieras despierto, pero en realidad no lo estas.

Algunas veces si me doy cuenta que estoy dormido, otras no porque se siente tan real lo que estas experimentando que no quieres salir de ahí.

Es como si entráramos a otro lugar, algunos dicen que hacemos un viaje astral, a otras dimensiones, incluso al futuro.

¿Futuro, que se hace ahí? Recuerdas cuando te explique del tiempo, el futuro es algo que va a suceder, más a delante en el tiempo humano.

Aunque en realidad todavía no existe porque no ha llegado, como el pasado tampoco ya no existe.

¿Cuántos tipos de sueños hay Marco? Bueno no soy un experto en eso, pero de acuerdo a mi experiencia… *¡Ho si ya lo veo? ¿Ya lo vez? Si. Estoy mirando el libro que escribiste: "El Otro Mundo" ahí cuentas algunos de tus sueños.*

Si. Así es Marquitos, ya no te puedo ocultar nada, jajaja. Así me ahorro muchas palabras.

Pero que interesantes sueños describes ahí,   algunos son muy dramáticos,   veo que experimentaste miedo en tus sueños también.

Si. Porque algunos fueron sueños del futuro, se le llaman premonitorios,   *¿solo tú tienes ese tipo de sueños?*   No Marquitos, mucha gente los tiene, algunos con mucha más frecuencia que yo.

¿Se cumplen tus sueños futuristas? Si. Mas cuando son de mi persona, no sé cómo pasa pero se cumplen, es decir si los vivo.

¿Yo puedo soñar? Si los escribo sí, pero es más fácil que busques en mis pensamientos, se que encontraras muchos.

Por favor escribe que sueño algo, está bien sigue mis instrucciones, cierra tus ojos *¿ojos?*

Bueno solo sígueme…

¿Dónde estoy?   *¿Te gusta?*   *Si es muy bello, cuantos colores, ¿Qué es eso que se mueve?* Se llaman peces, y como vez son de diferentes tamaños y colores.

¿Porque veo como que se mueve todo? porque estàs soñando que estas bajo el mar, buceando, mueve tus brazos y piernas, *no sé cómo, pero lo hare, ¡Ho me muevo! me siento tan libre, parece que estoy…* se llama bucear, estas en las profundidades del océano, por eso te sientes libre cuando te mueves; si estuvieras en el cielo estarías volando.

¿No es peligroso? No Marquitos no te preocupes, no escribiré nada malo en tu sueño, sigue moviéndote *¿Cómo se llama eso que está abajo?* Eso es el fondo marino, y lo que está en la arena son rocas, algas, corales, plantas marinas y algunos animalitos marinos que se mueven.

¿Los puedo tocar? Si claro, solo no los lastimes, son amigables, *que bien me siento ¿puedo quedarme aquí? siento mucha paz, me siento muy bien y todo es tan hermoso y colorido.*

Lo sé, pero como todo sueño dura muy poco tiempo, *pero tú puedes hacer que me quede para siempre aquí ¿no?* Lo haría, pero te aseguro que hay muchos otros sueños más que te van a gustar, no necesitas estas aquí para siempre.

¿Eso fue un sueño? Si, algo parecido *¿todos siempre son tan bellos?* no, no todos ya lo veras cuando entres a mi libro "El Otro Mundo"

Ahora entiendo cuando dices que estas como en otro mundo, lo sientes tan real que no imaginas que es un sueño.

¿Es lo mismo que escribir un libro? Mmm buena pregunta.

Posiblemente sí. *¿Por qué?* ¿No te diste cuenta?

¿De qué? Pudiste ver colores, tocar, sentir como tu cuerpo buceaba, hasta sentiste paz.

¡Es verdad! ¿Así son tan reales los sueños? Si, así son tan reales lo que se escribe en los libros también.

Yo lo siento cuando escribo y el lector cuando los lee también.

Marco ¿se puede soñar despierto? Si. Pero son otros tipos de sueños, te explico.

Cuando los humanos quieren lograr algo en el futuro, como una meta personal, se le llama sueños también, solo que en algunas ocasiones, esos sueños, no son muy realistas, es decir, muchas personas, sueñan tener cosas, que tal vez nunca las puedan conseguir por falta de planeación o simplemente falta de medios para lograrlo.

Mucho tiene que ver con la planeación, dirección, recursos, constancia y sobre todo con paciencia, que muchas veces es lo primero que no tienen.

Pero cuando algunas personas entienden esto, logran cumplir sus sueños, yo he visto como logran sus metas.

Otros dicen no tener suerte, entonces esperan que alguien o algo les de todo, como si no tuvieran que poner de su parte.

Los sueños se logran con constancia, planeación, y paciencia.

La paciencia es el punto más importante para poder lograr y entender cualquier cosa en esta vida.

Lo triste es que la mayoría de los humanos, su gran sueño es tener mucho dinero, como si fuera la única prioridad de sus vidas.

Muchos piensan también que todo lo que desean solo con pensarlo, llegara como por arte de magia.

Pero lo que realmente es triste, es cuando piensan que ese Dios a quien nunca han visto, tiene la obligación de cumplirles sus sueños, como si ese Dios existiera solo para cumplir sus caprichos.

Es muy fácil disfrazar caprichos por bendiciones.

Las acciones son más fuertes que las oraciones.

Lo mismo pasa con los sueños, no se logran si solo los sueñas, tienes que trabajar por ellos.

¿Marco tú tienes un sueño especial? si. Creo que todos tenemos uno *¿Cuál es?* Tal vez es difícil de explicar, pero lo hare.

Mi sueño es que algún día, se termine esta farsa *¿farsa?* Si esta mentira, *¿no entiendo?* Tratare de explicártelo en tres puntos.

Primero: Dios. La mayoría de la humanidad cree en un Dios, sin ponerse de acuerdo en cómo se llame y donde este.

Creen en un Dios que es amor, pero las guerras entre los hombres, han sido para defender a su Dios, (en nombre de él.)

Como pueden decir, que siguen a Dios, viven en Dios, alaban a Dios, y hasta mueren en nombre de Dios. Cuando no hacen lo mismo, con el otro ser humano que tienen a lado.

Segundo: Queremos tener el mayor conocimiento de la tecnología del hombre, incluyendo la de otros seres fuera del planeta, pero cuando la tienen, es para usarla para sus intereses económicos, sin importar a quien le afecte por no poder contar con esa tecnología.

Desean tener la tecnología, para ser jóvenes por siempre, pero no pueden aprovechar esa tecnología para los que están sufriendo por alguna enfermedad física.

Es más importante como acumular riquezas y poder, sin importar a cuanta gente tienen que eliminar.

Este planeta tiene suficiente riqueza, natural que si fuera bien distribuida por los gobernantes, es seguro que nadie sufriría de hambre en el mundo.

Tercero: Quieren conquistar otros planetas, viajar en el tiempo, y hasta entrar a otras dimensiones, pero no les importa cuidar este planeta, queman los bosques, contaminan el mar, los cielos y hasta vierten radiación en el mar y aire, como si a ellos mismos, no les fuera afectar en el futuro.

De toda esta mentira y más, me gustaría que algún día se terminara. ¿Sueño imposible?

¿Cómo podría ser posible Marco? Creo que muy fácil, RAZONAR.

Si utilizáramos la razón, tendríamos la capacidad de resolver problemas, comenzando con la de nosotros mismos, es decir, conocernos.

Es aceptar que no estaremos aquí para siempre, solo es un momento, venimos de paso, para experimentar y aprender de los que es vivir en este cuerpo, por lo tanto no tenemos tiempo que perder, debemos conocernos más física y espiritualmente.

Si razonamos, no sería la prioridad, acumular, riquezas y poder, sin importar a quien lastimes.

El razonamiento, no solo nos ayuda a entendernos a nosotros mismo, también es la acción de saber utilizar nuestra inteligencia, para el bien de toda la humanidad

El razonamientos, nos ayuda a entender, tu vida, la vida del que tienes al lado, y la de Dios.

Razonar, no es tolerar, es el inicio de descubrir nuestro verdadero propósito como seres pensantes.

Es vivir en armonía para saber quiénes somos.

Los sueños se logran con constancia,
planeación, y paciencia.

CAPITULO TRES

INOCENTE

Ya me diste nombre, me has dado personajes, me has ayudado a sentir, hasta bucear, me has explicado del tiempo, de la vida, pero no me has contado quien eras tú antes de escribir y quien serás cuando te vayas. ¿Yo también me iré contigo?

Creo no Marquitos, siempre has estado conmigo *¿no entiendo, te refieres cuando escribes algo sobre mi?*

Cuando escribo un personaje sobre ti, solo estas interpretado ese personaje, ese es tu cambio en esa línea, pero no me refiero solo a eso.

Todos los seres humanos pasamos por un proceso de crecimiento; nacemos, crecemos, somos niños adolecentes jóvenes, adultos, llegamos a viejos y morimos.

No sabemos con exactitud donde estuvimos antes de nacer y venir a la tierra, solo sabemos que estábamos en otro lugar pero sin este cuerpo.

Yo por ejemplo solo recuerdo que un día estaba en un lugar que aprendí que era mi hogar, y ahí estaba mi hermano mayor, sin entender todavía que era el tiempo, solo sé que tenía que hacer varias cosas, como ir al kindergarden, salir a jugar, ver televisión, jugar con mis juguetes, sin entender porque había otras personas de distintas formas.

Solo aprendí a identificarme con 3 personas, mama papa y mi hermano mayor.

Con el tiempo aprendí a entender mi cuerpo y lo que me rodeaba, entendí que tenía que aprender ciertas reglas, de una familia, y una sociedad que aun no la entiendo.

¿Dónde estaba yo Marco? En mi, pero todavía no despertábamos, éramos inocentes. Comenzábamos a comprender Primero, que estábamos vivíos, que existimos. Segundo, que

éramos parte de una sociedad con diferentes individuos.

Parecidos a ellos o tal vez ellos a nosotros. Tercero fuimos descubriendo que a pesar de nuestra inocencia, también éramos creadores.

Creadores de nuestras historias, juegos, maquetas, canciones, personajes y hasta de otros seres…

Lastimosamente, también descubríamos, que por nuestro tamaño e inocencia, había mucha gente mayor que nos quería hacer daño, como si fuéramos cualquier cosa.

Fue ahí donde te fui descubriendo, aprender a escucharte me salvo de muchas situaciones malas.

¡Corre, sal de ahí! ¡No lo pruebes, no lo aceptes! ¡No le creas todo! No te rindas. ¿Lo recuerdas?

¡Ho Si. Lo recuerdo Marco! Así nos fuimos conociendo, poco a poco nos fuimos entendiendo, como dos buenos hermanos, reímos juntos, jugamos juntos, corríamos juntos, llorábamos juntos. y al final escribimos juntos.

Exacto como dos niños inocentes…

¿Es malo ser inocente Marco? No Marquitos, el universo no se equivoca, el sabe poner el tiempo preciso para que tengamos todas las experiencias exactas para nuestro aprendizaje.

Creo que si nadie hubiera pasado ese tiempo de inocencia, no hubieran conocido la verdadera felicidad del Ser.

Un gran maestro dijo alguna vez, que para entrar al reino de los cielos, tendremos que ser como niños, es decir, <u>inocentes de lo bueno y lo malo, simplemente Seres.</u>

Aprendimos lo malo, lo bueno, lo peor y lo mejor, en esos momentos no lo entendíamos, fue el tiempo de aprendizaje, las experiencias que fueron forjando nuestra vida.

Para algunos fue más difícil, para otros simplemente diferentes, pero todos experimentamos de todo, de una manera u otra fue lo que nos dio más identidad de nosotros.

Soy de la idea de que la inocencia, es ignorancia pura, pero para tener la capacidad de formar nuestros propios sentimientos.

Es decir, el que ahora de adulto, pensemos como pensamos es parte de nuestra inocencia, nunca acabamos de aprender y de sentir, todavía somos niños en existencia cósmica.

Somos la inocencia que experimenta el acontecimiento más grande de nuestra vida. La existencia humana.

Somos la inocencia que no entiende el porqué de las cosas, pero como todo inocente, no le queda más que seguir viviendo.

Somos la inocencia que disfruta y sufre las consecuencias de nuestra propia ignorancia.

Somos la inocencia que se pregunta por todo porque no entiende nada.

Quizá por eso somos tan pequeños ante este gran cosmos de energía con inteligencia.

Somos la inocencia que experimenta el
acontecimiento más grande de nuestra vida.
La existencia humana.

UNIVERSO

Me has explicado, de la existencia, de la inocencia, de las capacidades de los humanos, incluso de los sueños, pero hay algo que no entiendo ¿Por qué si tienen todo para vivir en paz, porque los humanos no entiende el valor de su vida?

Porque los seres humanos creamos nuestro propio sufrimiento *¿no entiendo Marco?* Si, es algo así como escribir un libro, los libros se escriben a la idea de la historia que quieras escribir.

Es decir, puedes escribir un libro triste, alegre, pasional, histórico, de ficción o simplemente de tu historia.

Pues bien así es lo mismo con nuestra vida, cada ser humano, cada día se su existencia escribe el libro de su vida, muchos piensan que el destino, marca sus pobrezas o riquezas, pensando que ya esta rodo escrito, incluso le echan la culpa a su Dios, por los sufrimientos que ellos pasan.

Pero la verdad es que cada quien escribe su propio destino, lo único que cambia en cada ser humano es la forma de cómo ver la vida.

Es cierto que algunas personas, nacieron en lugares con una circunstancias mas adversas, y por lo tanto les cuesta más trabajo salir adelante, pero aun así, la humanidad sabe de personas que han vivido en peores condiciones, y superan sus dificultades para tener una vida mejor.

Si todos nacen en el mismo planeta ¿Por qué entonces son tan diferentes? ¡Qué buenos que somos diferentes! No entiendo Marco.

Si todos fuéramos iguales, sería un problema más grande, porque entonces no habría diversidad de pensamientos e ideas para ayudarnos como comunidad.

El problema está en su cultura y sus creencias, hay culturas donde piensan que la esclavitud y humillación a la mujer debe seguir, o que solo los de piel blanca deben tener los mejores privilegios, pero lo más grave es no saber controlar su orgullo y arrogancia.

Pensando que todo tiene que ser como ellos dicen, y no como las cosas son *¿Qué es cultura?* Es todo aquello que el hombre crea, desde un simple juguete hasta una idea celestial.

¿Qué es creencia? eso es más grave, las creencias surgen de acuerdo al lugar donde vives, algunas creencia son solo de un pequeño grupo de personas, pero otras creencias es para todo el mundo.

Lo más grave es que muchas creencias existen por muchos anos y muchas de ellas son las que impiden que persones despierten.

Se encierran en una creencia que incluso no tiene una base solidad para que sea real, aun así la siguen creyendo.

También hay creencias que han ocasionado muchas guerras entre familias y naciones.

Es muy difícil cambia una creencia, las personas piensan que cambiar para mejorar es malo o Dios los va a castigar.

¿Dios es una creencia Marco? si. Es una creencia muy distorsionada, es decir, cada quien cree en Dios a su manera, y como cada quien lo cree a su manera muchos humanos, se odian entre ellos mismos.

¿Dónde está Dios? Marquitos es la gran pregunta de la humanidad, al no tener la respuesta correcta precisamente se crean muchas creencias; algunos piensan que está en las nubes solo mirando para abajo viendo cómo te portas, otros dicen que está en un planeta disfrutando de todos su ángeles, y otros más dicen que esta no haciendo nada, solo escuchando el sonido de una arpa, tocándola por un ángel.

¿Dónde piensas tú que este Dios? Respuesta corta, no sé, solo creo que esta mas allá de nuestro entendimiento…

Creo que esta en el universo, y antes de que me preguntes que es el universo, para mí, está aquí adentro de nosotros y afuera. *Yo no veo nada Marco.*

No lo vemos porque no es necesario verlo, es necesario entenderlo para saber sentirlo.

El universo que vemos, en el cielo por las noches, lleno de estrellas, planetas, meteoros, galaxias, nebulosas, y todo tipos de existencia cósmica, es solo la representación de algo muy grande y poderoso, que realmente no lo entendemos, pero cuando abrimos nuestros sentimientos, creamos pensamientos filosóficos de él, lo mismo hacemos de ese Dios.

A la vez, dentro de nosotros es un gran universo, no solo por la perfección de nuestro cuerpo, sino por la gran cantidad de pensamientos que no ayudan a tratar de entender, esa gran energía que somos, como un gran SER.

Y cuando nuestro universo interior se entiende con el universo exterior, es ahí cuando comienza la conexión de conocimiento cósmico.

Es la fusión de energías creadoras, del todo, pero el todo es tan imenso, que realmente apenas estamos comenzando a conocer, una pequeña parte de afuera como al de adentro.

Ese Dios interior como el Dios exterior. Es el comienzo de una idea de donde esta Dios.

Toda energía es movimiento y todo movimiento está vivo, por lo tanto el todo, es la creación de eso que llaman Dios.

El universo, eres tu Marquitos y yo, como energía viva creadora y existente por movimiento cósmico.

Todos somos un todo, por lo tanto

"Todos Somos Uno"

¿*Dónde piensas tú que este Dios?* Respuesta
corta, no sé, solo creo que esta mas allá de
nuestro entendimiento…

EL OTRO LADO

Veo en tu memoria la imagen de un universo ¿así es? No se Marquitos, esas imágenes es solo lo que aparentemente los que estudian astronomía y fotografían el cosmos, es como lo enseñan, posiblemente se diferente, más oscuro o mas colorido, yo no he tenido la oportunidad de viajar al espacio exterior, se necesita una protección especial para poder salir de la atmosfera, todas la capas que tiene la tierra son de energías especial con mucha radiación, que no son muy fáciles de traspasar.

Cuando ya no estés aquí, ¿estarás en el universo Marco? No lo se, posiblemente sí, mi materia y energía es parte de ello, así que en esencia, si estaré por el universo.

¿Qué estarás haciendo?   ¡Vaya! Marquitos, que preguntas tan intrigantes jajaja no sé, pero lo que si se, es que mi SER, no es una casualidad, es una causa, para un propósito.

No tengo el conocimiento profundo para saber con exactitud, donde voy a estar y que estaré haciendo cuando me vaya.

Pero como dije antes, no creo que vivir aquí en esta plano terrenal, solo para ocupar un espacio y tiempo a lo inútil.

Tengo la certeza de que cada ser humano hibrido o no, esta aquí por un propósito fundamental del cosmos.

Somos una pieza quizá tan pequeña pero tan importante a la vez, como ese pequeño tornillo que es fundamental para que trabaje una gran máquina, en este caso el universo.

Nosotros no somos nada si él y el no es nada sin nosotros, todo es reciproco y fundamental para la existencia de la energía del todo.

¿Pero qué pasa con esos humanos que han vivido poco o han hecho mucho daño a otros? Bueno primero, como dije antes todos somos una pieza importante, y esas personas que vivieron mucho o poco, cumplieron con su espacio y tiempo.

Segundo yo No creo en un Dios que existe y te creo solo para juzgarte y cuando mueras, decirte lo malo que hiciste y el castigo que mereces, como un supuesto infierno, que es mentira.

No puede existir un Dios, con los mismos defectos y debilidades como nosotros, porque entonces No sería un Dios. En todo caso sería un semi-Dios con defectos e imperfecciones, como el enojo, coraje, envidia, celos etc. Que el ser humano si los tiene.

¿Tú eres bueno Marco? Jajaja como lo interpreta el mismo ser humano, no. Soy simplemente un ser humano que experimenta y aprende para evolucionar.

Las cosas malas o buenas que yo haya hecho, son solo mi responsabilidad, con los errores se aprende, con el perdón rectificas.

No volver a cometer los mismos errores, indica que estas progresando, entender el dolor significa evolucionar tu conciencia.

No puedes venir a este mundo solo para lamentarte o vivir toda tu vida como una victima

Es como si yo solo quisiera escribir libros de sufrimiento y lamentaciones, qué sentido tiene que otra persona lea ese tipo de libros, si la experiencia del sufrimiento todos lo viven de un modo u otro.

Por eso yo trato que mis libros siempre tengan un mensaje positivo para los que quieren aprende de un libro, así yo también he aprendido mucho de otros libros.

¿Has pensado como es otro lado? si. Algunas veces, pero trato de no pensar ese otro lado como algo malo, u oscuro, sino mas bien, como otro lugar para seguir evolucionando espiritualmente, porque si llego a ese lugar y tengo el mismo físico, entonces creo que no evoluciona nada aquí en este plano, es decir, tenga o no tenga cuerpo es ese otro lado, lo más importante es mi evolución espiritual. Mi SER.

No sé cuanto camino me quede para llegar hasta la fuente y ser como eso, pero yo seguiré avanzando, hay mucho por entender, mucho por caminar y sobre todo mucho por experimentar.

Sé que antes me dijiste que yo seguiré aquí, vivo mientras haya un lector que este leyendo como ahorita lo está haciendo; pero ¿Cómo estaré yo en el otro lado?

Muy buena pregunta, no estoy seguro pero tratare de imaginarlo.

Veo que aunque yo ya no este, tu estarás en el otro lado, con este lector que está leyendo este libro en un dispositivo electrónico, porque alguien se lo recomendó, y le es más fácil leerlo de este modo.

Este lector que le llamo la atención el título del libro y por curiosidad lo comenzó a leer, tenemos que darle las gracias que ha llegado hasta aquí, casi al final de este libro. Gracias.

Este lector que me conoció y también por curiosidad, quiso saber más de nosotros   *¡Ho! ¡Gracias lector!*

Este lector que tiene el buen habito de leer libros y como buen lector, le gusta descubrir nuevos escritores.

Este lector que sin ganas de querer leer este libro, lo comenzó a leer, pero le ha encontrado un interés que ha logrado llegar casi hasta el final.

Este lector que esta adelantado a la fecha que se está escribiendo este libro, es decir en el futuro, pero por causa y lida, se encontró este libro y lo comenzó a leer y sigue leyendo.

Este lector que comenzó a leer este libro, pero que por alguna razón lo dejo de leer pero volvió a retomar la lectura, y reconoció, que no era tan malo el libro, por eso ahorita lo sigue leyendo.

Este lector que supo de mi, (nosotros) y por querer hacer una crítica, decidió leer este libro y lo sigue haciendo, para poder hacer una buena crítica de nosotros.

Así que Marquitos, no estarás solo en el otro lado, sino en muchos lados a la vez, en la mente de muchos lectores.

Por eso, cuando yo ya este en el otro lado, una parte de mi también estará en los lectores y junto a ti. Para siempre.

Fin.

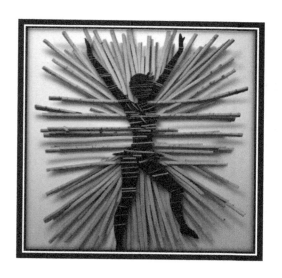

¡Oye Marco espera!   Yo todavía no quiero que termine este libro, cuéntame más.

¿Qué más quieres que te cuente? *De tus amores, tus triunfos, tus logros, tus creaciones, incluso de las otras dimensiones, seres e iluminados, que son parte también de tus conocimientos.*

Hay Marquitos, bueno eso lo dejaremos para otro libro.

Bueno Marco entonces yo escribo lo último.

¿Lo ultimo? *Si, mira.*

Continuara…

Marco A. Rogel Vázquez

Made in the USA
Las Vegas, NV
27 January 2024

84998202R00075